AF337945

NOUVELLE BIOGRAPHIE

DE

MGR LANDRIOT

ARCHEVÊQUE DE REIMS

PAR

H. RIOUBLAND,

AVEC UN PORTRAIT PHOTOGRAPHIÉ

Prix : un franc 25 c.

LA ROCHELLE,

IMPRIMERIE ET LIBRAIRIE DE J. DESLANDES,

Rue Chef-de-Ville, 8

1867

NOUVELLE BIOGRAPHIE

DE

MONSEIGNEUR LANDRIOT

ARCHEVÊQUE DE REIMS.

NOUVELLE BIOGRAPHIE

DE

MGR LANDRIOT

ARCHEVÊQUE DE REIMS,

PAR

H. RIOUBLAND,

AVEC UN PORTRAIT PHOTOGRAPHIÉ.

Prix : un franc 25 c.

LA ROCHELLE,

IMPRIMERIE ET LIBRAIRIE DE J. DESLANDES,

Rue Chef-de-Ville, 8.

1867

Cette Biographie n'était point destinée à
paraître isolément : on nous l'avait deman-
dée pour une œuvre collective en cours de
publication à Paris.

Bien que nous nous fussions efforcé de la
rendre aussi concise que possible, elle dé-
passa de beaucoup le cadre que lui réservait
l'Editeur. Pour qu'elle pût figurer dans le
Recueil, il eût fallu la remanier, la refondre
entièrement et la réduire à ce point d'en faire
la plus sèche et la plus aride des notices.

Nous avons reculé devant ce travail ingrat,

I.

Mais, au moment où la nomination de Mgr Landriot à l'archevêché de Reims donne un surcroît d'intérêt à tout se qui se rattache à la vie et aux œuvres de l'éminent Prélat, elle retrouve, à défaut d'autre mérite, celui de l'à-propos et de l'opportunité. C'est ce qui nous détermine à la publier, en la complétant par le récit des circonstances qui ont précédé le départ de La Rochelle de Monseigneur de Reims, et en l'accompagnant d'un portrait qui nous paraît être l'une des épreuves les mieux réussies de notre habile photographe, M. Th. Cognacq.

I

Il est des natures d'élite que la Providence
semble avoir marquées du sceau de la pré-
destination.— Elles annoncent, avant l'âge,
ce qu'elles seront un jour; on pressent leur
avenir; on devine la saveur délicieuse du
fruit à l'aspect de la fleur brillante et parfumée qui en contient le germe.

Vainement essaieraient-elles de se réfugier
dans un sentiment d'humilité chrétienne, et

de se dérober à la notoriété par la simplicité native de leurs goûts et de leurs habitudes : leur mérite rayonne autour d'elles et perce les ombres dont elles enveloppaient leur calme et studieuse existence. Alors elles fixent sur elles tous les regards; elles attirent l'hommage et les pressantes sollicitations dont leur désintéressement se croyait à l'abri ; alors aussi, une voix secrète frappe à la porte de leur cœur, une volonté, dont la puissance inéluctable ne permet pas même l'hésitation, vient leur révéler la mission qu'elles ont à remplir, le sacrifice qu'elles ont à s'imposer. Il faut que le simple soldat de la foi se couvre de l'armure de l'Apôtre militant, qu'il abandonne sa douce retraite pour préparer la voie de Dieu dans une sphère plus haute et pour conquérir les âmes à la vérité, par le triple ascendant de ses vertus, de sa science et de sa position.

Telle est, en résumé, l'histoire de l'élévation de Mgr Landriot à l'Episcopat.

Né à Couches-les-Mines, diocèse d'Autun, le 9 Janvier 1816, il était orphelin à treize ans et demi. Mais, en mourant, ses parents lui léguaient le plus précieux des héritages;

l'exemple d'une vie sanctifiée par la pratique du bien.

Déjà, chez le jeune Landriot, les dons d'une riche nature arrivaient à leur efflorescence ; déjà fructifiait et promettait une abondante moisson cette semence de piété qu'une tendre mère avait déposée dans son cœur.

Le développement de son intelligence n'avait pas été moins précoce que l'éclosion de ses sentiments religieux, et le Petit-Séminaire d'Autun, où il fut élevé et passa six ans, garde encore le souvenir de son ardeur au travail, de la vivacité de son esprit, de sa prodigieuse mémoire et des triomphes éclatants qu'il remporta dans tout le cours de ses études.

A cette époque, deux jeunes élèves se faisaient particulièrement remarquer dans ce Petit-Séminaire d'Autun, d'où sont sorties des illustrations de plus d'un genre. Une irrésistible sympathie les avait entraînés l'un vers l'autre ; peu à peu, la conformité du caractère, la communauté du travail, le charme de leurs rapports journaliers établirent entre eux une étroite liaison, fondée sur l'estime et sur la confiance la plus entière. On les citait pour la sûreté de leur jugement, pour l'aménité de leurs mœurs et pour leur franchise; on les offrait pour modèles à leurs condisciples, et ces derniers, dont la mémoire était toute remplie des grands noms de l'Eglise, les eussent volontiers comparés à saint Basile et à saint Grégoire de Nazianze.

Un jour vint où il fallut se séparer. Les deux amis se dirent adieu, et chacun d'eux prit la direction que lui montrait le doigt de la Providence.

Mais ni le temps au vol rapide, ni la distance ne purent affaiblir les liens d'affection qui les unissaient et qui s'étaient formés au seuil de l'adolescence. Amitiés du Collége, seriez-vous les plus durables, comme vous êtes les plus désintéressées ?

L'un des deux élèves était le jeuné Landriot; l'autre, Dom Pitra, l'érudit Bénédictin qui est aujourd'hui Cardinal.

Dès qu'il eut terminé sa Rhétorique, Jean-Baptiste Landriot commença ses études théologiques, que la fatigue occasionnée par

un travail trop opiniâtre le força d'interrompre. Mais le repos absolu ne pouvait con-
venir à cet esprit ardent, dévoré du besoin
de connaître, et à qui , chaque jour, il fallait
de nouveaux éléments d'activité. Il profita
des promenades qui lui avaient été conseil-
lées par la Faculté pour s'adonner aux
Sciences naturelles. Chez lui , ce goût nais-
sant ne tarda pas à devenir en quelque sorte
une passion , et fut l'origine de ses relations
avec plusieurs célèbres naturalistes et géo-
logues.

Ses découvertes, bien loin de l'égarer
dans les sentiers arides et désolants du doute,
l'affermirent dans sa foi. A mesure qu'il avançait , la route s'aplanissait, s'élargissait et
lui laissait entrevoir, dans les mystérieuses
profondeurs de l'espace , de nouveaux et lu-
mineux horizons. « Car, dit un Biographe,
chaque pas du livre de la nature lui montrait
la signature de l'auteur, et il retrouvait avec
Cuvier les pièces justificatives du récit de la
Genèse. »

« Il était surtout préoccupé , ajoute le
même Biographe, de cette grande idée qui
le frappa plus tard dans saint Thomas, de

l'étroite connexité qui rattache le monde sensible au monde moral, apercevant la vérité sous le symbole, et le Verbe divin sous la manifestation de ses œuvres. »

Cette grande idée, qui fut longtemps le doux tourment de son esprit, le nouvel Archevêque de Reims vient de la développer dans un ouvrage ayant pour titre : *Le Symbolisme* et dont nous indiquerons le plan, la marche et le but. — Mais n'anticipons pas.

Ordonné prêtre en 1839, M. Landriot passe quelque temps dans la maison des Missions ; puis il entre comme vicaire au service de la Cathédrale.

En 1842 ; c'est-à-dire à l'âge de 26 ans, il est nommé supérieur du Petit-Séminaire d'Autun, et, sous sa direction, tout dans cet établissement reçoit une impulsion féconde. Le jeune Directeur donne l'exemple de l'ordre, de la discipline et du travail ; l'autorité de son exemple s'impose sans contrainte, se fait suivre avec ardeur. Le niveau des études au Petit-Séminaire s'élève considérablement.

Au milieu de ses labeurs quotidiens, M. l'abbé Landriot mit la dernière main à deux volumes de *Conférences sur les Belles-Lettres.*

Peu après, et sur les instances de son Evêque, Mgr de Marguerye, qui l'attachait comme grand-vicaire à l'administration diocésaine, M. l'abbé Landriot renonçait définitivement au projet qu'il avait conçu d'entrer dans l'Ordre des Bénédictins.

Vers cette époque éclatait la querelle des *Classiques.* L'attaque fit grand bruit ; la défense n'eut pas moins de retentissement. M. Landriot avait abreuvé son intelligence aux sources pures de l'antiquité ; il ne put voir sans émotion déchirer le sein de sa nourrice, et, trop convaincu pour rester neutre, trop reconnaissant pour se résigner à l'indifférence, il se jeta résolument dans l'action.

On le connaissait déjà comme savant et comme orateur ; ses *Recherches historiques sur les Ecoles littéraires du Christianisme* et son *Examen critique* marquèrent immédiatement sa place parmi les écrivains polémistes les plus distingués de notre époque.

II

Presque en même temps, il publiait une traduction d'Eumène, en collaboration avec un de ses savants confrères, M. l'abbé Rochet.

Les fonctions importantes qu'il avait remplies avec un zèle infatigable et une rare intelligence ; le talent de parole dont il avait donné des preuves éclatantes en plusieurs occasions solennelles, notamment dans deux des chaires de Paris ; ses écrits religieux, scientifiques et littéraires, tout vint mettre en lumière M. l'abbé Landriot et le désigner au Gouvernement français comme un de ces hommes qui étaient appelés à rendre d'éminents services à l'Eglise et à honorer l'Episcopat.

En 1856, il fut nommé au siége de La Rochelle, devenu vacant par la promotion de Mgr Villecourt au Cardinalat.

Le 20 Juillet de la même année, il était sacré dans la Cathédrale d'Autun par S. Em. le Cardinal de Bonald, et le 10 Août il arrivait à La Rochelle, après s'être arrêté deux jours à Périgueux, où, sur les instances qui lui furent faites, il prononça le discours de clôture du Concile provincial. Pour lui, ce discours fut un triomphe entre deux étapes.

Nous le voyons encore lorsque, revêtu de ses habits pontificaux, la crosse en main, la mître en tête, il fit son entrée dans la Cathédrale, au milieu d'un immense concours de fidèles. Sa taille droite, élancée, sa démarche empreinte de franchise et de dignité, la sérénité de ses traits réguliers et juvéniles, sa physionomie ouverte et spirituelle qu'éclairait le sourire de la mansuétude, tout cet ensemble de sa personne produisit l'effet d'un rayonnement sympathique et exerça sur l'assemblee une irrésistible puissance d'attraction.

La séduction des cœurs allait suivre de près celle des yeux.

Mgr Landriot monta en chaire, et d'une voix vibrante laissa tomber ces deux mots : *Pax vobis!* qui de prime-abord révélèrent à l'auditoire sa pensée, ses sentiments, le but de sa mission apostolique et les moyens dont il se servirait pour l'accomplir. C'était la *bonne nouvelle*, c'était la paix, la tolérance, la doctrine de la fraternité chrétienne qu'il apportait avec lui. Le manifeste du nouvel Evêque, ainsi résumé dans l'expression : *Pax vobis*, reçut de magnifiques développements, et, dès cette première entrevue, les liens d'une confiance affectueuse unirent indissolublement le pasteur au troupeau.

Dès qu'il eut pris possession de son siége, Mgr Landriot s'occupa d'étudier les besoins spirituels du vaste diocèse qu'il avait à gouverner. Il se multiplia pour ainsi dire et s'appliqua, sous toutes les formes, à justifier la devise inscrite sur son blason apostolique : *Parare viam Domini.*

En dehors des actes habituels, périodiques de l'administration pastorale, on le voit fonder des institutions religieuses et charitables, établir des Conférences, remplir des missions officielles, mettre son éloquence au service des grands intérêts de l'art et de l'industrie nationale, présider des Sociétés savantes et diriger leurs travaux, élever la voix, ici, pour solenniser l'inauguration d'un chemin de fer; là, pour appeler la bénédiction du Ciel sur le vaisseau qui doit porter le nom de la France aux rives étrangères, défendre au besoin son honneur, imposer partout le respect de son drapeau.

On aurait de la peine à comprendre comment Mgr Landriot suffit à porter le poids de ces labeurs, si l'on ne savait quelle est sa merveilleuse aptitude au travail et la dévorante activité de son esprit.

Disons que cette activité trouve un puissant auxiliaire dans la sage et constante application d'un système d'ordre, de division et d'économie. Nul plus que l'Archevêque de Reims ne connaît le prix du temps et ne sait mieux en régler l'emploi.

Tous les jours, hiver comme été, le Prélat se lève à quatre heures et demie et célèbre à cinq le saint sacrifice. La messe dite, il se retire dans son cabinet, où il travaille jusqu'à onze heures. Il préside ensuite son conseil et expédie les affaires diocésaines. Quelques minutes suffisent à son repas.

De midi et demi à deux heures et demie, il visite les hôpitaux, les établissements placés sous sa juridiction, ou se met en rapport avec les autorités. Le plus ordinaire-

II.

ment, pendant les dix années de son Episcopat, il se rendait chaque jour, vers une heure, à un *chalet*, qu'il possédait au bord de la mer, et qui est situé juste en face de la digue construite, d'après les ordres de Richelieu, lors du siége de La Rochelle, en 1628. C'était sa promenade de prédilection. Du haut de la falaise, et devant les restes de cette digue, il aimait à contempler les tableaux changeants qui se déroulaient devant lui. Au spectacle de cet Océan, image de l'infini, qui tantôt se soulève, gronde, éclate en fureurs sublimes, tantôt calme, placide, immobile, réfléchit l'azur des cieux à sa surface polie comme un miroir, le philosophe chrétien s'identifiait par tous les côtés de son être à la grandeur et à la beauté des œuvres divines; pour en découvrir les lois mystérieuses, sa pensée, emportée sur les ailes de l'admiration, remontait vers le souverain auteur de toutes choses, et de son cœur s'échappait un hymne de reconnaissance et d'amour.

Rien ne sollicite plus vivement l'intelligence de l'homme à la méditation, et ne prédispose avec plus d'énergie son âme aux élans de l'enthousiasme, que les merveilles

et les majestueuses harmonies de la nature,
que les grandioses manifestations de la puissance et de la sagesse du Créateur.

Trois fois par semaine, de trois à cinq
heures, Mgr Landriot donnait audience à tous
ceux qui se présentaient à son hôtel. L'accueil qu'il faisait aux visiteurs portait un tel
caractère de bienveillance et d'aménité, qu'il
encourageait les plus humbles et les plus
timides.

Parlerons-nous de sa charité?

Parler de la charité d'un Evêque, ce serait
presque laisser croire que la pratique de
cette vertu de précepte divin peut être étran-
gère à son cœur. Celle de Mgr Landriot se
diversifie, se multiplie sous toutes les formes.
Elle est pleine d'élan, de spontanéité, dis-
crète et sans ostentation. Quand elle se
découvre aux regards du public, c'est qu'il
lui est impossible de rester couverte des
voiles du mystère. Beaucoup d'œuvres religieuses et véritablement populaires lui
doivent, dans le Diocèse de La Rochelle,
leur rapide et fécond développement, et plus
d'une famille dans le besoin a été secourue

par elle avec une délicatesse qui centuplait le prix du bienfait.

Tous les jeudis, régulièrement, une distribution de pain est faite, par les ordres du Prélat, à une foule de pauvres qui se présentent aux portes de son hôtel.

On sait que Mgr de Reims est dépourvu de fortune patrimoniale. La simplicité de sa vie, la modération de ses goûts, portés vers l'étude et la retraite, expliquent comment, avec des ressources relativement restreintes, il suffit à ces libéralités, tout en soutenant la dignité de sa position et de son rang.

Le soir, après les heures de la prière et le souper, le Prélat réunit presque toujours autour de lui quelques-uns des membres de son clergé. C'est le moment de sa récréation. Une heure et demie s'écoule ainsi au milieu d'entretiens animés par l'enjouement, soutenus par l'intérêt, sans cesse alimentés par l'esprit. Mgr Landriot excelle dans la conversation : il y apporte de l'entrain, de la gaieté et une universalité de connaissances qui donne à tout ce qu'il dit le mérite de l'à-propos et le charme de l'imprévu.

En tant qu'orateur, le nouvel Archevêque de Reims a la voix sonore, vibrante, la prononciation nette et ferme, l'attitude noble, le geste dominateur. Peut-être l'énergie de ses convictions et la chaleur des sentiments qui l'animent, l'entraînent-elles trop habituellement à monter, dès le début, sa voix sur un diapason un peu élevé; le débit de l'orateur, obligé par là-même de soutenir jusqu'au bout cette vigueur d'intonations, perd ainsi quelques-unes de ses nuances et de ses effets contrastants. Mais du moins la parole de l'éminent Prélat, toujours fortement accentuée, résonne dans toutes les parties des plus vastes basiliques, et pas un mot, pas une syllabe n'est perdue pour l'auditeur.

Ces qualités oratoires furent remarquées par la Cour et par l'illustre assemblée qui se pressait autour d'elle dans la Chapelle des Tuileries, où Mgr Landriot fut appelé à prêcher le Carême de 1864.

Monseigneur de Reims confie à sa mémoire les discours qu'il prononce en public. Il ne tiendrait qu'à lui de les improviser, car il possède non-seulement à un haut degré la mémoire artificielle, mais cette autre faculté bien autrement puissante et féconde qui tient plus compte des idées que des mots, qui imprime à l'esprit une agilité surprenante, et lui permet de combiner et de mettre en ordre simultanément, instantanément, toutes les ressources dont il a besoin : idées, images, arguments, expressions. C'est dans les écrits du savant Prélat que cette faculté se retrouve et se déploie. Lorsqu'il compose, les sources de l'inspiration jaillissent à flots pressés et abondants, les pensées, les propositions arrivent, se succèdent rapidement et s'enchaînent les unes aux autres dans un ordre de coordination logique. La plume court ardente et tourmentée. L'œuvre sort pour ainsi dire d'un jet. Rare et beau privilége qui, chez Mgr Landriot, semble supprimer la lutte de la pensée contre l'expression, cette preuve, entre cent, de la spiritualité de l'âme !

En 1858, le Prélat fut nommé chevalier de la Légion-d'Honneur, et promu, en 1865, au grade d'officier de l'Ordre.

II

La réputation de Mgr Landriot comme écrivain, comme penseur et comme philosophe chrétien, est aujourd'hui solidement établie; ses œuvres sont connues et appréciées de tous ceux qui ont l'amour du vrai et du beau, le sens élevé, le goût pur et délicat. Nous pourrions donc nous dispenser de pousser plus loin cette notice, si notre devoir de Biographe n'était de considérer l'éminent Prélat sous ce nouvel aspect et d'étudier, quelques instants, l'un des côtés les plus saillants de sa physionomie morale.

Dès son apparition, *La Femme forte* a conquis une grande et légitime popularité ; une sympathie générale s'est empressée d'accueillir ces pages si éloquentes, si profondément philosophiques, et qui auront à toutes les époques un cachet d'actualité ; car la *femme forte*, telle que la dépeint Mgr Landriot, est de tous les temps et de tous les pays.

Mais *qui trouvera la femme forte?* s'écrie l'auteur.

« Peut-être la réponse serait-elle plus
» facile si l'on disait : Qui trouvera la femme
» légère, mobile, ardente et froide succes-
» sivement? Qui trouvera ces caractères
» enthousiastes, passant avec une rapidité
» extrême d'une conviction à l'autre, pleins
» de mollesse et d'inconsistance, et sem-
» blables à ces êtres gélatineux qui se
» décomposent sur le bord de la mer? Qui
» trouvera ces natures mobiles comme le
» vent, et changeant d'opinion selon les
» variations du temps ou les caprices de la

» foule déraisonnable? A de semblables
» questions les réponses seraient immédiates
» et les applications nombreuses.

» *Qui trouvera la femme forte?* —Cette
» femme qui sait puiser dans un courage
» quotidien l'énergie nécessaire pour faire
» face à toutes les difficultés de sa position,
» aux ennuis de tous les jours, aux préoc-
» cupations de toutes les heures, aux con-
» trariétés incessantes? La femme forte qui
» résiste aux chocs si nombreux de la vie,
» aux tristesses de famille, aux froissements
» d'intérieur, et à toutes ces peines intimes
» qui, semblables aux légions d'insectes en
» automne, assiègent continuellement le
» cœur de la femme; la femme forte, qui
» préside avec une sagesse imperturbable
» aux travaux de sa maison, aux détails du
» ménage, au soin des enfants, à la surveil-
» lance des domestiques et à l'ordonnance
» de cette multitude de petites affaires qui
» se succèdent aussi rapidement que les
» nuages du ciel? Qui trouvera la femme
» forte, plus forte que le malheur, que les
» coups de la fortune, que les calomnies,
» que la malignité humaine, et qui, après le
» passage de toutes les vagues, demeure

» comme la colonne en mer pour éclairer et
» fortifier les pauvres naufragés?

. . . .

» La Religion seule peut former ces
» femmes vraiment fortes dans toutes les
» circonstances de la vie, ces femmes vrai-
» ment supérieures, qui dominent les acci-
» dents, les malheurs de l'existence, les
» répugnances de la nature, les défauts de
» caractère, et ces froissements continuels
» où l'âme est comme broyée au milieu de
» lourdes meules, ou, ce qui n'est pas
» moins douloureux, lacérée entre mille
» coups d'épingle. Une piété profonde et
» sérieuse pourra seule développer chez les
» femmes ce tempérament moral qui résiste
» aux difficultés, et les rendre semblables
» aux oiseaux pour s'élever au-dessus des
» nuages et des tempêtes, et mieux accom-
» plir leurs devoirs dans la sérénité d'une
» paix toute céleste (1). »

Dans ces lignes se révèle surtout le philosophe, le moraliste. A une science profonde
du cœur, il joint l'analyse fidèle des senti-

______

(1) Premier Entretien, p. 12, 13, 30.

ments ; il a le coup d'œil pénétrant, le tact sûr et judicieux de l'observateur qui découvre et saisit les faiblesses humaines dans les replis les plus intimes de l'être. Toutefois, il conserve son caractère d'apôtre chrétien : il ne cède point à un accès de misanthropie ; ses paroles sont sans fiel et sans amertume ; s'il met le doigt sur la blessure, c'est pour la guérir et non pour envenimer la plaie ; s'il ne se dissimule pas les infirmités humaines, il ne ferme pas non plus les yeux sur les vestiges de notre grandeur primitive, et, loin de conclure au découragement, il montre comment la nature, sous l'influence religieuse, se perfectionne et se transfigure.

A la *Femme forte* a succédé la *Femme pieuse*.

La première a été inspirée par le type sublime de l'Ancien Testament ; la seconde est comme une pure et douce émanation de la morale évangélique. Malgré leur dissimilitude, ces œuvres trahissent une commune origine : ce sont deux rameaux sortis du même tronc, deux fleurs épanouies sur la même tige, deux pensées s'échappant du même esprit et du même cœur pour offrir la vérité sous sa forme la plus saisissante, et pour rattacher fortement à l'idée chrétienne la double mission de la femme dans le monde, comme épouse et comme mère.

Dans les Conférences aux Dames du monde, sur l'*humilité* et sur les *lectures*, Mgr de Reims développe l'enseignement contenu dans les ouvrages qui précèdent. Il cherche à donner des notions exactes de cette piété que beaucoup de personnes défigurent, soit en lui prêtant des proportions étroites, mesquines et ridicules, soit en la faisant uniquement consister en formules, en pratiques aussi vaines que stériles lorsqu'elles n'ont pas pour résultat un perfectionnement moral.

Mais ce qu'il faut admirer dans les écrits du savant Archevêque, ce n'est pas seulement l'ampleur et la beauté de la forme, l'élévation des idées, la richesse des images, la puissance du raisonnement, c'est aussi la souplesse d'un talent qui lui permet d'aborder avec un égal succès les genres les plus opposés.

Le Christ de la Tradition renferme la

substance des profondes études auxquelles
Mgr Landriot se livre depuis vingt-cinq ans.
Pénétrer jusqu'à l'essence du Christianisme
pour extraire la séve de ses divins enseigne-
ments à l'aide de la doctrine des Pères de
l'Eglise et de la Théologie prise à sa source
la plus pure, telle est, nous le croyons, la
pensée qui a dirigé les importants travaux
de Mgr de Reims.

Cette œuvre a produit et devait produire
une vive sensation, non pas seulement dans
le monde religieux, mais encore dans le
monde des lettres et de la philosophie pro-
fane; et cela pour deux raisons principales :
d'abord, en ce qu'elle a le caractère d'une
forte conception, mûrie lentement au souffle
vivifiant de la science, et que la méditation a
conduite peu à peu à son entier épanouisse-
ment; ensuite, parce qu'elle répondait à un
besoin actuel et apparaissait au moment
même où le livre d'un écrivain trop fameux
mettait en scène le nom, la personne, la
doctrine du Sauveur. *Le Christ de la Tradition* est devenu alors comme une réfutation
indirecte et peut-être l'une des meilleures
que l'on pût faire en pareille occurrence,
puisqu'au lieu de combattre un à un les

arguments de l'incrédulité, il reproduisait le type sublime du Christ tel que l'a toujours vénéré la foi de l'Eglise, et l'opposait, comme un frappant contraste, à celui que forgeait la fantaisie du philosophe rationaliste.

Un autre ouvrage qu'a publié Monseigneur Landriot a pour titre *Le Symbolisme* et nous donne la clé de tout un monde, au moyen du rapprochement, du parallélisme qui s'y trouve établi entre l'ordre physique et l'ordre moral.

C'est du point de vue le plus élevé que se place l'auteur pour nous initier à l'idée de cette étroite corrélation :

« ..... Dieu a mis de son infinité partout,
» même dans le monde matériel. L'univers
» renferme, sous une forme finie, une partie
» des pensées de Dieu : c'est son poëme,
» c'est son chant, c'est le reflet de la lumière
» éternelle, c'est l'écho des voix d'en haut,
» c'est le voile de l'invisible et la grande
» école de Dieu.

» Toutes les parties de l'univers sont
» d'ailleurs unies ensemble par un vaste

» système de corrélation : elles se supposent
» les unes les autres ; elles sont les réci-
» proques images de leurs qualités mu-
» tuelles. Il n'y a donc rien d'arbitraire dans
» le Symbolisme, quand il est intelligent et
» dirigé par la sagesse. C'est une vraie phi-
» losophie, c'est une logique divine et plus
» sûre dans ses conclusions que certaines
» abstractions de l'esprit humain. »

.   .   .   .

« L'âme renferme en elle-même les formes
» idéales de la création, en sorte qu'il y a
» le plus grand et le plus intime rapport
» entre son intelligence et le monde sen-
» sible. Elle le comprend, comme celui qui
» a au fond de son être le sens du beau
» poétique comprend facilement les grands
» poètes, comme celui qui a les formes du
» beau esthétique en son cœur, a l'intelli-
» gence facile de toutes les formes exté-
» rieures du beau (1). »

Les images, les figures, les comparaisons,
sont de la nature même du symbolisme : la
comparaison rend l'idée sensible, elle poé-

______

(1) Livre Ier, ch. III, p. 81.

tise le langage et y ajoute un tour neuf et
original. La majesté de l'Océan, l'aile de
l'oiseau, une humble plante, le parfum d'une
fleur, un grain de sable, toutes ces images
embellissent la pensée et la mettent plus vivement en relief. Dans les plus grandes
comme dans les plus simples merveilles de
la création, il est possible de saisir des rapports intellectuels ; mais il n'est pas donné à
tous de comprendre ainsi le monde physique,
encore moins d'y découvrir des affinités morales. Il faut avoir, pour cela, une vivacité
d'imagination à laquelle rien n'échappe, une
grande justesse d'esprit et surtout le sens
religieux des beautés de la nature et de toutes
les harmonies de ce divin poëme.

Ecoutons encore Mgr Landriot dans une
des pages où il définit, avec tant de charme
et de vérité, les avantages de la comparaison :

« On a justement comparé le style imagé
» aux couleurs dans la peinture, aux formes
» en relief dans la sculpture et la statuaire.
» — L'image fait ressortir les choses, elle
» les grave dans l'esprit, ou bien elle revêt
» de couleurs brillantes ce qui serait de-
» meuré presque inaperçu. Mieux que Tacite,

» elle dit tout en abrégeant. Dites de quel-
» qu'un qu'il est un marbre, votre phrase
» est plus énergique que si vous accumuliez
» les détails. Vous avez tout dit dans une
» image : froid, poli, dur, voilà les trois
» idées rendues en un mot; elles sont sculp-
» tées dans une vive arête ; elles sont en
» relief. Faites trois pages délayées, vous
» n'en direz pas autant peut-être, et surtout
» vous serez beaucoup moins intelligible,
» vous laisserez moins de traces dans l'es-
» prit qui vous écoute.

» C'est ce pittoresque du langage que
» l'on remarque encore souvent dans les
» livres Sapientiaux ; quelque chose de
» brusque, d'original pour nos mœurs, une
» expression rapide, une comparaison inat-
» tendue, un contraste saillant : et voilà une
» vérité sculptée pour jamais dans la mé-
» moire; elle y restera toujours avec le mot,
» et ce mot était sans doute une image.
» Lisez quelques bons auteurs de la vieille
» langue française : le pittoresque y abonde,
» on le trouve à chaque page, il jaillit
» comme une source dans les pays de mon-
» tagnes : ce sera presque toujours une
» image qui en sera l'occasion et la cause

» déterminante ; ce sera une comparaison
» gracieuse, vive, insolite peut-être, mais
» vraie dans son originalité incisive. »

A cette étude générale sur le *Symbolisme*
ont succédé les conférences sur l'*Eucha-
ristie*, que l'éloquent Prélat a prêchées à La
Rochelle et à Rochefort, et les conférences
sur les *Béatitudes évangéliques*.

La première de ces œuvres complète, sous
le rapport de l'enseignement dogmatique,
le *Christ de la Tradition*. Elle jette une
vive lumière sur le Christianisme et le pré-
sente sous le point de vue le plus élevé,
comme sous ses aspects les plus consolants.

Les *Béatitudes* sont, en quelque sorte, un
code de sagesse et de philosophie chrétienne,
répondant à tous les besoins, à toutes les
aspirations de l'humanité. Ce qu'il y a de
sublime et de suave dans la doctrine évangélique se reflète vivement en ces pages, qui
ne le cèdent en rien à celles de la *Femme
forte* et de la *Femme pieuse*.

Ici encore, à la vigueur de la conception,
à l'érudition profonde, à la connaissance du

cœur humain s'allient l'éclat de la forme, la souplesse et l'étincelante variété du style. C'est le propre du talent de l'écrivain de se diversifier, d'être toujours en rapport de convenance avec le sujet qu'il aborde, quel que soit le côté par lequel il envisage le Christianisme, côté religieux, moral ou poétique.

Voulez-vous savoir, par exemple, comment Mgr Landriot définit certaines formes du rire? Ecoutez :

« En général, le rire correspond à un sen-
» timent de joie.— Ce sentiment peut avoir
» lui-même une multitude de causes : il y a
» la joie gaie et franche d'une âme qui s'épa-
» nouit et qui verse au dehors le trop plein
» de sa dilatation et de son bonheur.....

» Il y a le rire bienveillant, qui est inspiré
» par un sentiment affectueux : le rire de
» la mère à son enfant ; le rire de l'enfant
» qui, séparé depuis longtemps de sa famille,
» rentre avec bonheur au toit domestique et
» se précipite dans les bras de ses parents
» bien-aimés. C'est le sentiment de l'amour
» joyeux qui se manifeste alors sur les traits
» épanouis de la physionomie.

» Mais il existe une autre espèce de rire :
» c'est celui qui quitte les régions de la bien-
» veillance pure et affectueuse ; c'est celui
» où il commence à entrer un peu de malice,
» malice qui peut parcourir tous les degrés,
» depuis la malice douce et innocente, jus-
» qu'à la malignité la plus noire. Ici nous
» rencontrons l'échelle diatonique des sen-
» timents en apparence les plus opposés,
» le rire inoffensif, le persifflage léger, le
» rire ironique, la moquerie sanglante ; ici
» se donnent rendez-vous les passions les
» plus contraires, le simple enjouement, **la**
» raillerie piquante, le sarcasme, la ven-
» geance, la haine, la colère. Toutes ces
» passions ont leur expression de rire et
» dans toutes il y a un sentiment de joie,
» mais une joie mélangée à une multitude
» d'ingrédients empruntés à toutes les
» nuances de l'esprit et du cœur.—La sottise
» elle-même a son rire : car n'y a-t-il pas ce
» qu'on appelle le rire niais ?— La joie peut
» être forcée, et la langue lui a réservé une
» locution spéciale : on appelle le rire qui
» lui correspond le rire sardonique, d'une
» plante de Sardaigne, laquelle avait la pro-
» priété de donner des crispations convul-
» sives et une forme de rire contracté à ceux

» qui en avaient mangé ; de là cette expres-
» sion d'Homère : « Il cache sous son rire
» sardonique la colère de son âme. »

« ...... Le rire qui appartient au senti-
» ment de l'ironie vient ordinairement d'un
» contraste, d'une imperfection, d'un dé-
» faut de régularité, d'harmonie, de conve-
» nance. On ne rit jamais d'un bel objet,
» d'une belle composition, d'une chose ré-
» gulière, harmonieuse. On ne rit pas, dans
» le sens que nous donnons en ce moment
» à l'expression, on ne rit pas, on ne pour-
» rait pas rire d'un splendide lever de
» soleil et du spectacle d'une belle nuit ;
» mais qu'après un morceau de ravissante
» musique, vous entendiez un chœur de
» grenouilles glapissantes, aussitôt et mal-
» gré vous, vous partez d'un éclat de rire.
» Quelle en est la cause ? C'est le contraste,
» c'est le défaut de régularité, c'est la réu-
» nion de ces deux extrêmes.

« ...... Disons un mot d'une forme par-
» ticulière du rire, forme moins bruyante,
» plus silencieuse, plus réservée : vous l'avez
» désignée, c'est le sourire. Qu'est-ce que le
» sourire ? C'est un rire sans éclat, qui se

IV

» manifeste spécialement par un léger mou-
» vement de la bouche et des yeux. Le sou-
» rire, dont l'expression morale se nomme
» le souris, le sourire est ce qu'il y a de
» plus gracieux, comme ce qu'il y a de plus
» amer et de plus terrible. On dit un sourire
» fin, spirituel, charmant, enchanteur, et
» l'on dit un sourire froid, dédaigneux, mo-
» queur, perfide, sarcastique. Rien n'est
» beau comme le sourire sur certaines phy-
» sionomies : c'est la lumière mystérieuse
» de l'astre des nuits dans un firmament
» tranquille. Rien n'est laid et ne fait mal au
» cœur comme certains sourires obliques :
» il me souvient d'en avoir vu expirer sur
» certaines lèvres, et la photographie en est
» toujours vivante à mes yeux (1). »

Il n'est pas possible de parcourir plus brillamment le clavier du rire et d'en faire résonner la gamme dans les différents tons, avec plus de justesse, de précision, de netteté. Chaque note correspond à un sentiment, à une vibration du cœur. La science de l'observation et l'analyse ne laissent échapper

(1) *Béatitudes évangéliques*, 17ᵉ Conférence, p. 133 et suivantes.

aucune nuance, aucun détail, et le plus fin
linéament s'accuse en relief sous une touche
aussi délicate que judicieuse.

Voici maintenant le contraste: le sentiment
des larmes opposé à celui du rire:

« .... Il est des arbres qui, dans les
» fibres les plus intimes de leur tronc, pré-
» parent constamment une liqueur rési-
» neuse, parfumée, et dont la nature varie
» suivant les familles végétales; quand
» l'arbre est atteint par le fer ou par un choc
» quelconque, il secrète, il verse à l'exté-
» rieur cette liqueur vitale, et on la recueille
» pour les divers usages de la vie. De même
» dans l'homme: en vertu de sa double
» nature, il renferme en son corps des
» organes, des fibres qui correspondent aux
» pensées, aux désirs, aux mouvements,
» aux aptitudes de l'âme. Et quand celle-ci
» est sous la pression d'une idée énergique,
» d'un sentiment profond, il y a mouve-
» ment, modification dans l'organisme. Or,
» parmi ces éléments matériels, qui semblent
» aux ordres de chaque mouvement inté-
» rieur, il est une liqueur divine, sacrée et
» pleine de mystères: ce sont les larmes.

» Les larmes vraies ne sont pas seulement
» une chose matérielle; elles sont l'expres-
» sion vivante de l'âme : c'est l'âme qui
» coule, c'est la douleur de l'âme, c'est son
» chagrin profond; ce sont ses regrets, c'est
» sa honte, son repentir, son amertume ou
» bien encore, en certaines circonstances,
» c'est une joie subite qui agit sur les or-
» ganes et produit à l'extérieur le même
» effet que la peine. Quelquefois même les
» sentiments de l'âme les plus opposés, la
» joie et la douleur, sont tellement unis,
» qu'un ineffable mélange se forme à l'exté-
» rieur et produit cette scène tristement
» délicieuse décrite par le vieil Homère :
» l'épouse d'Hector, se séparant de son
» mari, reçoit dans ses bras Astyanax, que
» le père profondément ému lui confie
» comme un dépôt sacré : « Elle avait, dit le
» poète, des rires et des larmes dans les
» yeux (1). »

Le livre des *Béatitudes évangéliques* ter-
mine la série des ouvrages que Mgr Landriot
a publiés jusqu'à ce jour.

____

(1) *Béatitudes évangéliques*, 18ᵉ Conférence, p.
157-158.

L'auteur est dans toute la force de l'âge, dans toute la maturité du talent. Sa pensée médite de nouvelles œuvres, qui viendront en leur temps et dont plusieurs même sont déjà à l'état d'ébauche. Ces œuvres se superposeront successivement comme autant de pierres taillées dans le granit de la science, comme autant d'assises solides, et elles formeront le glorieux monument élevé par le génie de la foi et par l'inspiration à la gloire de l'Eglise et de la philosophie chrétienne.

III

A cet aperçu rapide des œuvres de Mgr Landriot devait se limiter notre tâche de Biographe, lorsque nous avons appris la promotion du Prélat à l'Archevêché de Reims.

Cette nouvelle, bien qu'imprévue, ne surprit personne ; elle affligea tout le monde. On savait que le caractère, le talent et les vertus éminentes de l'Evêque de La Rochelle devaient l'appeler tôt ou tard aux premières dignités de l'Eglise ; mais la perspective d'une douloureuse séparation se perdait dans le lointain, et l'esprit humain est ainsi fait qu'il se familiarise avec l'idée d'un malheur qui se dérobe à lui sous un nuage d'incertitude. Un choc subit et violent peut seul l'arracher à son illusion et le ramener au sentiment d'une désolante réalité.

Ce choc l'opinion publique l'éprouva. On comprit toute l'étendue de la perte que le Diocèse allait faire. Les regrets furent profonds, universels. En pouvait-il être autrement?

Par son intelligence supérieure Mgr Landriot s'était acquis l'estime générale; sa bienveillance, sa modération et sa franchise lui avaient rallié toutes les opinions, concilié le respect et l'affection de tous les partis. Doué d'un coup-d'œil sûr, d'une rare sagacité, d'une rectitude de jugement qui lui faisait apprécier sainement les hommes et les choses de son siècle, le Prélat avait su se tenir constamment en dehors des idées étroites et mesquines qui dominent les coteries, en dehors de ces misérables intérêts sous lesquels s'affaissent les consciences et qui sont si fort opposés au véritable caractère de l'Episcopat. Ses regards se détournaient de tout ce qui rampe et s'agite dans les bas-fonds de la vulgarité. Il voyait loin , parce qu'il voyait de haut.

Aussi était-on entraîné vers lui par une sorte de puissance attractive, par ce je ne sais quoi de noble, d'imposant et d'affectueux à la fois qui rayonne de sa personne, par ce prestige qui n'est pas toujours le partage de la science et de l'autorité , mais qui appartient certainement à cette beauté, à cette dignité morale dont l'être extérieur devient alors comme un vivant reflet.

La presse, dans cette circonstance, se rendit l'interprète du sentiment public et fit entendre des accents émus. Ces témoignages unanimes et spontanés durent toucher profondément le cœur du Prélat, mais en même temps contribuer à lui rendre plus pénible le sacrifice du départ.

MM. les membres du Chapitre de la Cathédrale s'empressèrent d'adresser à Mgr Landriot, encore à Paris, la lettre suivante:

» Monseigneur ,
» Votre promotion à l'Archiépiscopat ne

justifie que trop nos prévisions et met un
terme aux anxiétés qu'avait fait naître chez
tous votre départ précipité de La Rochelle.
Elle est aussi une précieuse garantie pour
l'Eglise dont elle procurera la gloire; un
juste et éclatant hommage rendu aux vertus,
au caractère et aux talents de Votre Grandeur.

» Mais nous vous l'avouerons, Monseigneur, à la satisfaction que nous cause votre
élévation, se mêle un profond sentiment de
tristesse et de regret. Vous comprendrez,
Monseigneur, jusqu'où va notre émotion,
par la nature des liens qui nous unissaient
si étroitement à Votre Grandeur. Ces liens,
la sympathie les avait formés, l'affection et
la bienveillance, plus que le temps et l'habi-
tude, les avaient fortifiés. Pouvaient-ils être
rompus subitement, sans que nos cœurs
fussent cruellement déchirés ?

» Et cette douloureuse émotion, votre
ville épiscopale, le Diocèse tout entier la
partage avec nous.

» Plus que personne, toutefois, le Chapitre de La Rochelle mesure l'étendue de la

perte que fait le Diocèse, parce que, plus que personne, il a pu suivre de près, observer, constater les heureux résultats de votre administration épiscopale. Jamais existence a-t-elle été plus active, plus remplie, plus féconde que la vôtre, Monseigneur, pendant les dix années qui se sont écoulées depuis votre avènement au siége de La Rochelle? Est-il un seul intérêt sur lequel vous n'ayez étendu votre sollicitude avec autant de vigilance que d'opportunité? Fondations pieuses, institutions charitables, haut et brillant enseignement par la parole et par les écrits, achèvement rapide de tout ce qui dans l'ordre matériel était en cours d'exécution ou frappé d'un ajournement indéfini : voilà ce qu'à l'honneur de votre Episcopat, vous avez accompli et ce qui vous assure des droits à la reconnaissance publique.

» Ce zèle infatigable qui vous anime, ces facultés supérieures que la divine Providence vous a si largement départies, vont se révéler dans une sphère agrandie et s'accuser plus vivement en relief. Reims, la ville aux grands souvenirs historiques et religieux, est appelée à recueillir à son tour les bienfaits de votre mission d'Apôtre. Puisse le Ciel, au-

quel nous adressons nos prières et nos vœux,
vous aplanir la voie ! Puisse le troupeau ré-
pondre au dévouement du Pasteur !

» Pour nous, Monseigneur, notre pensée
s'identifiera de loin à vos nouvelles destinées,
et nos cœurs voleront vers vous. Heureux
serons-nous si, en retour de notre éternelle
affection, Votre Grandeur daigne nous con-
server une place dans son souvenir ! »

A cette lettre, qui exprime si bien les sentiments de son clergé, Mgr Landriot répondit
en ces termes :

« *A M. le Doyen et à MM. les Membres
du vénérable Chapitre de La Rochelle.*

» Messieurs et bien chers Chanoines,

» Que vous êtes bons dans votre lettre si
» affectueuse ! Vous me donnez des éloges
» que je ne mérite pas ; mais ce qui me
» touche profondément, c'est votre affection
» si vraie et si chaleureusement exprimée.

» J'ai tout fait pour rester au milieu de
» vous et mes résistances successives étaient

» aussi sincères que sans arrière-pensée.
» Cette dernière fois, il a fallu céder aux
» conseils des personnes les plus dévouées
» à l'Eglise. J'ai exposé le tout au Souverain-
» Pontife dans une lettre dictée par un cœur
» filial ; Sa Sainteté décidera.

» Quels que soient les lieux où mes pas
» se dirigent, je n'oublierai jamais les dix
» années de paix et de bonne amitié que
» nous avons vécu ensemble, et je serai tou-
» jours très-heureux de toutes les occasions
» qui se présenteront de nous revoir, et de
» nous rappeler des souvenirs si chers à nos
» cœurs.

» Veuillez agréer, Messieurs et chers
» Chanoines, l'expression de mon cordial
» attachement.
» † JEAN-FRANÇOIS,
» Evêque de La Rochelle, nommé
» à l'Archevêché de Reims. »

Il y a, dans cette page, un abandon cordial et un charme de touchante mélancolie.
Le désintéressement s'y montre sous une
forme d'admirable simplicité. « J'ai tout fait,
dit le Prélat, pour rester au milieu de vous,

et mes résistances successives étaient aussi sincères que sans arrière-pensée. »

Personne n'ignore, en effet, que Mgr Landriot avait constamment refusé jusqu'à ce jour la dignité d'Archevêque : aux siéges d'Auch, de Marseille et d'Avignon, qui tour à tour lui ont été offerts, il préférait le Diocèse sur lequel il avait concentré son dévouement apostolique et qui lui était étroitement uni depuis dix années. Aussi n'a-t-il pas fallu moins que des sollicitations réitérées, que des motifs d'ordre supérieur, qu'une sainte violence faite en quelque sorte à sa volonté, pour le décider à rompre avec la résolution qu'il avait prise de finir ses jours dans le Diocèse en faveur duquel il s'était imposé un premier et douloureux sacrifice, celui de son pays natal.

L'amour du pays natal ! Mgr Landriot l'a profondément enraciné dans son âme et l'on pourrait, mieux qu'à tout autre peut-être, lui appliquer ce mot de Lamartine : « Il y a des transplantations plus pénibles pour l'homme que pour l'arbre. »

Que de fois n'a-t-il pas dû se retourner

vers sa chère Bourgogne, vers les montagnes qu'il avait si souvent explorées, vers les lieux tout remplis de souvenirs, où s'étaient écoulées les premières années de sa vie cléricale ! Mais les devoirs de l'Episcopat, une existence active, laborieuse, partagée entre l'étude et les graves occupations de sa charge pastorale, les rapports de confiance et de sympathie qui s'étaient établis promptement entre l'Evêque et son peuple, tous ces liens, fortifiés par le temps, l'attachaient étroitement à sa nouvelle patrie sans lui faire oublier l'ancienne.

Nulle ambition personnelle n'a d'accès dans son cœur. Ce qu'il lui faudrait, ce qui serait dans la nature de ses goûts, de son enclin, de ses aspirations, c'est la vie calme et retirée, c'est l'étude que ne viennent interrompre ni les distractions du monde, ni les soucis et les agitations qu'entraîne le maniement des affaires. Mais on dirait que cette modération dans les désirs, que cet amour de la retraite, que ce besoin des austères méditations qui constituent la vraie sagesse du philosophe chrétien, servent précisément à le mettre plus vivement en lumière et à le conduire vers ces honneurs

et ces dignités qui lui donnent tout , moins
le repos, moins la solitude , moins la liberté
dans un travail de prédilection.

« Il me semble, disait-il en terminant
» l'une de ses Conférences aux Dames de
» Charité de La Rochelle, il me semble que
» de plus en plus ma vie et mon dévouement
» appartiennent à mon peuple bien-aimé,
» et le Seigneur, qui voit le fond des cœurs,
» sait que je n'ai pas de désir plus sincère.
» Faire du bien à mon vaste Diocèse, réser-
» ver à vos âmes d'élite ces causeries intimes
» qu'on ne peut guère avoir avec de grands
» auditoires, cultiver vos âmes avec les soins
» d'un jardinier qui a une affection de père
» pour un parterre de fleurs, je n'en dé-
» mande pas davantage pour vivre : il y
» aura là pour mon cœur assez de bonheur
» pendant ma vie, assez de joie sur mon lit
» de mort, si je puis croire que tous les
» vœux de mon affection paternelle auront
» été réalisés (1). »

C'est donc sous l'empire de circonstances
décisives et après des luttes morales dont

(1) **XIX**e Conf. aux Dames du monde, p. 267, 268.

Dieu seul peut connaître le prix, que Mgr Landriot a accepté l'Archevêché de Reims. En cela même il a donné un noble exemple; à ce titre, il a droit à la haute estime qui s'attache aux hommes assez grands pour rester simples au milieu des distinctions, assez indifférents aux dignités pour ne les accepter que comme un moyen de travailler plus efficacement à l'œuvre sociale et religieuse à laquelle ils se dévouent.

Le 9 Janvier 1867, le Prélat quitta Paris, où il avait été appelé par une dépêche télégraphique presque immédiatement après la mort de l'Archevêque de Reims, et il revint dans son Diocèse.

Dès son arrivée, il reçut à son hôtel une foule de personnes désireuses de lui exprimer leurs félicitations en même temps que leurs regrets.

Avant sa préconisation, Mgr Landriot fit diverses nominations et investit plusieurs ecclésiastiques du titre de chanoine : il avait de longs services à reconnaître, des coopérateurs dévoués et vigilants à récompenser. C'était un dernier souvenir d'estime, de bienveillance et d'équité qu'il voulait laisser en partant.

Puis le Prélat visita les établissements qui, pendant dix années, ont été l'objet de sa constante sollicitude, et il répondit avec effusion aux témoignages sympathiques qui lui arrivaient de tous les points du département.

La dernière Lettre Pastorale de Mgr Landriot renferme les adieux les plus touchants. Le père n'oublie aucun des membres de sa nombreuse famille ; à tous il donne une pensée, un mot de son cœur ; à tous il lègue un souvenir précieux de son affection, et recommande le futur Evêque.

Les termes dont il se sert sont empreints d'une chaleureuse conviction et d'une exquise délicatesse. L'éloge honore autant celui qui le décerne que celui qui le reçoit.

On sait que le nouvel Archevêque de Reims avait désigné lui-même pour son successeur au siége de La Rochelle, Mgr Thomas, dont une longue intimité lui avait appris à connaître les vertus, le caractère et le talent.

V.

La nomination de Mgr Thomas était seule capable d'adoucir la perte que fait le Diocèse de La Rochelle; un ami de Mgr Landriot pouvait seul accepter la mission de remplacer un Evêque si unanimement regretté.

Voici comment le Prélat parle de son successeur :

« Une chose nous console grandement au
» milieu de toutes ces tristesses de la sépa-
» ration : c'est le choix de notre successeur,
» qui sera, nous n'en doutons pas, bientôt
» ratifié par le Souverain-Pontife. Vous trou-
» verez en lui un ensemble de qualités qui
» méritent au plus haut degré votre con-
» fiance : des vertus éminemment aposto-
» liques, les dons de l'intelligence et du
» cœur, l'éloquence, l'amabilité du carac-
» tère; il possède tout ce qu'il faut pour
» faire le plus grand bien au milieu de vous.
» Nous sommes sûr que vous l'accueillerez
» comme un autre nous-même; et lorsque
» nous reviendrons vous voir, il nous sera
» bien doux de nous asseoir sous les frais
» ombrages de l'amitié; nous nous réjoui-
» rons de tout ce qui frappera nos regards
» charmés, et nous nous croirons toujours
» en famille. »

Alors même que d'autres témoignages apportés par la renommée ne viendraient pas constater l'éminent mérite de nouvel Evêque de La Rochelle et Saintes, cet hommage de Mgr Landriot suffirait seul pour nous édifier complétement à cet égard, et pour nous apprendre tout ce que le Diocèse doit attendre de lui.

Ainsi encore, les rapports qui semblaient devoir se rompre entre l'Archevêque de Reims et ses anciens Diocésains, se maintiendront toujours actifs, toujours étroits, grâce aux liens d'amitié qui unissent les représentants des deux siéges.

Après un second voyage à Paris, Mgr Landriot visita Saintes, Saint-Jean-d'Angély, Rochefort, et dans chacune de ces villes, où il laisse de profonds souvenirs, le Prélat fît publiquement ses adieux : adieux qui tous exprimant la même pensée, le même sentiment, ont eu pourtant un cachet particulier, comme pour justifier cette belle expression du P. Lacordaire : « L'amour n'a qu'un mot ; en le disant toujours, il ne le répète jamais. »

C'est le 27 Mars dernier que Mgr Landriot a été préconisé à Rome.

Le 4 Avril suivant, il en recevait officiellement la nouvelle, et remettait ses pouvoirs entre les mains du Chapitre de La Rochelle, qui, dès le soir même, nomma deux vicaires capitulaires pour la vacance du siége.

Mgr de Reims emmène avec lui MM. Chartier et Decheverry.

M. l'abbé Chartier est un des Ecclésiastiques les plus distingués du Diocèse. Aux qualités de l'esprit et du cœur il joint un talent administratif dont il a donné la preuve dans les fonctions importantes de vicaire-général, qu'il a remplies depuis la mort de M. l'abbé Martineau, de regrettable mémoire.

M. l'abbé Decheverry était secrétaire de l'Evêché. Comme Aumônier des Petites-Sœurs-des-Pauvres, il s'est fait remarquer par son infatigable dévoûment à l'égard des vieillards indigents recueillis dans ce pieux asile de la charité. Aussi les regrets et les larmes de ceux dont il s'était montré l'ami, le consolateur et le père, sont-ils son plus bel éloge, un éloge que tout commentaire ne pourrait qu'affaiblir.

—

Le Dimanche, 15 Avril, une foule immense s'était portée à l'église Cathédrale de La Rochelle. Pour la dernière fois peut-être, la parole de Mgr Landriot allait retentir dans cette basilique, où si souvent elle avait manifesté sa puissance et versé dans les cœurs la semence féconde de la vérité.

L'heure de la séparation avait sonné. Le Prélat devait quitter le Diocèse qu'il avait administré avec tant de sagesse et de dévouement, pour se rendre dans une autre patrie d'adoption et y accomplir les destinées que lui réservait la Providence.

Avant de s'éloigner, le père, l'ami, le pasteur avait besoin de retrouver ses enfants réunis autour de lui; avant de le perdre, ses enfants éprouvaient l'ardent désir de recevoir ses adieux et sa bénédiction.

Ce qu'ils recherchaient comme un adoucissement à leur peine a servi de nouvel aliment à leurs profonds regrets. Mais l'âme humaine est un mystère. Elle aime parfois à se nourrir de son chagrin et trouve une certaine volupté jusque dans la cause de sa souffrance. Les larmes soulagent.

Elles ont aussi leur éloquence : éloquence d'autant plus impressive et entraînante qu'elle n'emprunte rien à l'art et qu'elle va saisir, avec la rapidité de l'étincelle électrique, la corde la plus sensible de notre être.

M. l'abbé Petit, vicaire-général, dans une allocution chaleureuse, qui était un hommage d'affection filiale, de respect et de reconnaissance, avait préparé toutes les âmes à recueillir les adieux de Mgr Landriot.

Ces adieux ont été simples, naturels et touchants. Ce n'était point un discours à proprement parler, c'était le cœur qui se répandait en sentiments affectueux. Alors même que le vénéré Prélat eût songé à un discours, il n'aurait pas eu la force de l'achever; car, aux premiers mots qui sont tombés de ses lèvres, l'émotion l'a gagné, et les sanglots ont étouffé sa voix. Alors aussi, l'image du passé s'est retracée sous les couleurs les plus vives à l'esprit des assistants ; alors, avec l'amère pensée de la perte qu'ils allaient faire, est venu se confondre le souvenir des vertus, du zèle apostolique et des bienfaits de l'éminent Evêque. Dans tout l'auditoire l'attendrissement était à son comble.

C'est au milieu de cette émotion profonde dont il subissait plus que personne l'irrésistible influence, que Mgr Landriot a versé, comme il le dit, son âme dans l'âme de ses enfants bien-aimés.

Vingt-quatre heures après cette entrevue, Mgr Landriot se rendait à pied, à la gare, escorté du clergé de la ville et des environs, accompagné ou plutôt porté par un flot de personnes dans lequel se confondaient tous les rangs, toutes les classes, toutes les opinions. Riches et pauvres s'étaient fait un devoir de lui faire cortége et de lui donner un dernier témoignage d'attachement. Aux uns il rendait effusion pour effusion ; aux autres il prodiguait, comme il l'avait toujours fait, les largesses de son inépuisable charité ; sur tous il répandait ses bénédictions paternelles.

Ses dernières paroles ont été l'expression d'un vœu. Il n'a pas dit adieu à ceux qui se pressaient autour de lui ; il leur a dit : Au revoir. Puisse cette espérance se réaliser !

—

Le 8 Mai 1867, Mgr Landriot a fait son entrée solennelle à Reims. La population de cette antique cité, si riche en souvenirs politiques et religieux, était déjà gagnée, enchaînée par le cœur à son nouveau Pasteur, dont les écrits lui étaient connus, dont la renommée lui avait appris le mérite et la sainteté. Aussi s'est-elle portée au-devant de lui dans un élan plein d'enthousiasme et lui a-t-elle fait un accueil vraiment royal.

Toute la ville, dit une correspondance, était pavoisée ; des tentures décoraient les

rues que devait traverser le cortége; un
magnifique arc-de-triomphe s'élevait au milieu du parcours. Une foule avide de contempler les traits du Prélat qui allait occuper
le glorieux siége de Saint-Rémi, n'encom-
brait pas seulement les rues, les fenêtres,
elle avait envahi jusqu'aux toits des maisons.

A la gare, où se trouvaient réunies, avant
l'arrivée du train, les autorités civiles et le
clergé métropolitain, Mgr Landriot fut reçu
par M. le curé de Saint-Thomas.

Au seuil du salon de réception, M. Werlé,
maire et député de Reims, lui adressa le
discours suivant:

« Monseigneur,

» Mes fonctions m'autorisent, et j'en suis
heureux, à vous dire le premier et au nom de
toute la population, que vous êtes le bien venu
dans notre cité.

» Déjà la renommée nous a fait connaître les
éminentes qualités qui distinguent Votre Grandeur, et aux regrets de La Rochelle répondent
les espérances de Reims.

» Ici, comme au diocèse que vous quittez,
l'éclat de votre talent charmera les esprits en

même temps que la douceur de vos vertus vous gagnera les cœurs ; et la religion , que vous ferez aimer, sera facilement observée.

» Nous remercions l'Empereur du choix qu'il a fait d'un Prélat aussi accompli pour administrer notre diocèse.

» Puissiez-vous, Monseigneur, occuper pendant de longues années le siége archiépiscopal dont aujourd'hui vous prenez possession ! Puissiez-vous y rencontrer toujours toute la satisfaction que vous êtes en droit de réclamer !

» Tels sont les vœux ardents que nous adressons à la divine Providence.

» Nous avons la confiance qu'Elle voudra les exaucer, comme nous espérons que Votre Grandeur voudra bien croire à l'empressement avec lequel l'administration municipale lui offrira, en toute circonstance , son concours le plus dévoué. »

Après avoir remercié M. le Maire avec effusion, le Prélat se revêtit de ses habits pontificaux. Il portait la chape donnée par le roi Charles X, et quand la procession, composée de près de mille prêtres , et escortée par les compagnies de sapeurs-pompiers, musique en tête, se mit en marche pour se rendre à la Cathédrale, le nouvel Archevêque s'avançait abrité sous le dais en argent dont Louis XVI a gratifié l'église métropolitaine.

Pendant ce temps-là, les cloches sonnaient à toutes volées. Un mouvement extraordinaire, une indescriptible animation emplissait la ville.

A la porte de la Basilique, M. le doyen du Chapitre a complimenté Sa Grandeur, qui a traversé l'église et procédé à la cérémonie du baise-main, au chant du *Te Deum*.

Le moment le plus solennel, le plus saisissant de la solennité était venu.

Le Prélat est monté en chaire devant une immense assemblée, avide d'entendre sa parole éloquente.

« Pendant trois quarts d'heures, dit un des correspondants du journal le *Figaro*, l'auditoire est resté suspendu aux lèvres de l'orateur, et les larmes qui brillaient dans tous les yeux disaient assez l'émotion des fidèles et du Prélat.

» Mgr Landriot a terminé par un chaleureux appel à la charité, et l'on peut dire qu'il a prêché d'exemple, car il a donné mille francs de sa bourse.

« Le soir, le nouvel Archevêque offrait un grand banquet dans la salle du Sacre. Près de quatre-vingts convives prenaient place à cette agape vraiment fraternelle. Monseigneur avait à sa droite M. le président des assises et à sa gauche M. Werlé, maire de Reims. Les préfets de la Marne et des Ardennes, retenus à leur poste par le conseil de révision, s'étaient fait représenter par les secrétaires généraux. Puis venaient les adjoints, le procureur impérial, l'inspecteur d'académie, le proviseur du lycée, l'architecte diocésain, le président de la Société de Saint-Vincent-de-Paul, plusieurs personnages venus de La Rochelle, d'Autun et de Paris. Le clergé était représenté par MM. les grands vicaires, le chapitre, les curés de la ville et les archiprêtres.

» Pendant tout le dîner, la musique des écoles communales dirigées par les Frères de la Doctrine chrétienne n'a cessé de se faire entendre.

» Une soirée magnifique a terminé cette journée, dont les habitants de Reims garderont longtemps le doux et émouvant souvenir. »

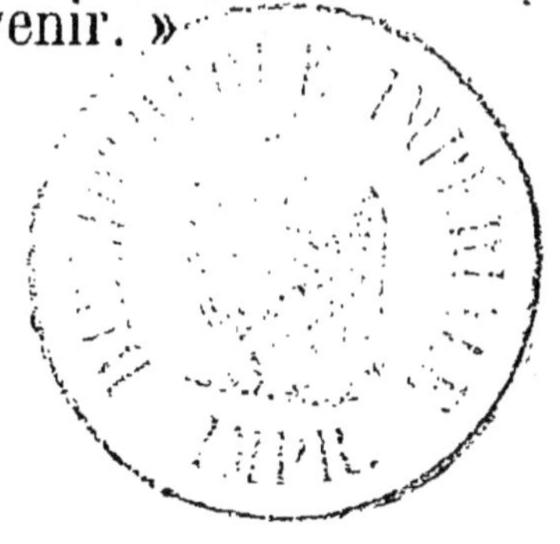

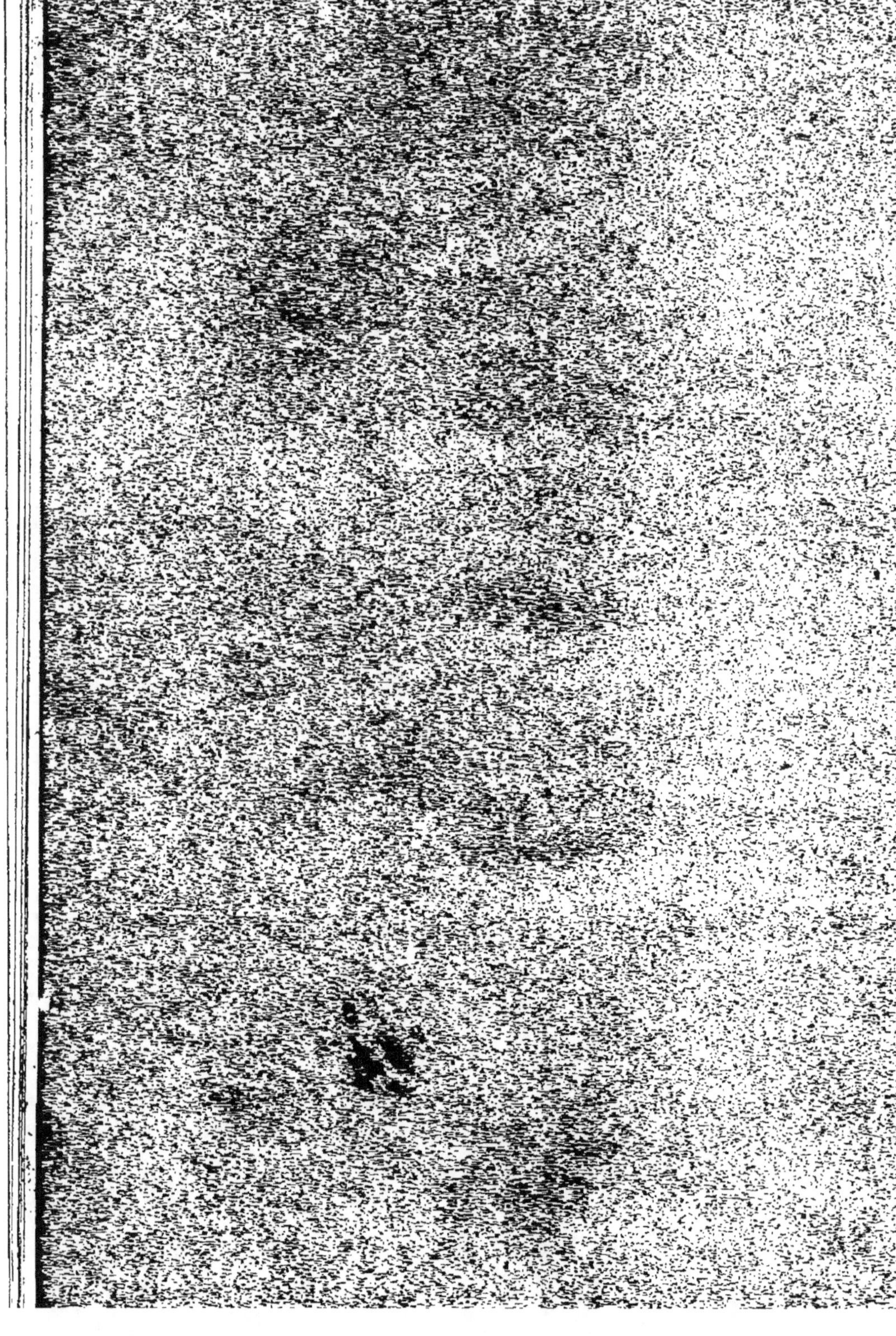